Énigmes littéraires extraordinaires

Stéphanie Bouvet
Illustrations d'Ivan Sigg

MARABOUT

À mon père

S. B.

Introduction

« Je me demande si je ne suis pas en train de jouer avec les mots. Et si les mots étaient faits pour ça ? »
BORIS VIAN, *Les Bâtisseurs d'empire.*

Mon père, grand pragmatique et fameux amateur de raccourcis, s'est souvent exclamé, devant la logique toute féminine, et donc implacable, de son épouse et de ses trois filles : « Pourquoi faire simple quand on peut faire compliqué ? »

C'est un peu la même chose avec les énigmes et les jeux d'esprit : pourquoi se contenter d'énoncer un mot alors qu'il est tellement plus amusant de le manipuler, de jongler avec ses lettres, ses sonorités et son sens pour le faire deviner ? Surtout que ce ne sont pas les moyens qui manquent : charades, lipogrammes, logogriphes, arithmorèmes et autres jeux aux noms barbares, tout est bon pour manipuler les mots. Les plus grands écrivains français ne s'y sont d'ailleurs pas trompés. Ainsi, parmi les 65 jeux d'esprit suivants, vous découvrirez, au fil de votre lecture, des perles de Victor Hugo, de Voltaire, de Boileau ou encore de l'Oulipo, côtoyant les créations de l'auteur et d'autres « devins » qui l'ont précédée.

Ce livre est destiné aux amateurs de chemins de traverse, pour qui les surprises et les rencontres faites en cours de route sont aussi précieuses que le but de la promenade...

Sommaire

Que suis-je ? n° 1

« Je suis un être fabuleux,
Le premier, de l'énigme ayant donné le type,
Qui dans ce jeu d'esprit – le roi de tous les jeux –
Me laissai vaincre par Œdipe.
Comptez mes membres, j'en ai six ;
Je tiens de l'homme et de la bête ;
Contre un cœur échangez ma tête :
En moi vous trouvez le phénix. »

De quoi s'agit-il ?

Solution p. 78

Logogriphe

« Entier, je suis une saison,
Ami lecteur, si de mon nom
Une seule lettre est ôtée
Je ne suis plus qu'une journée. »

De quoi s'agit-il ?

Solution p. 79

Charade hugolienne (débutant)

Saurez-vous résoudre cette charade – relativement facile si vous êtes perspicace ! – imaginée par l'auteur des *Misérables* ?

« Mon premier est bavard,
Mon second est oiseau,
Mon troisième est café,

Mon tout est une pâtisserie. »

Solution p. 80

Charade hugolienne (confirmé)

Saurez-vous résoudre cette charade – plus difficile que la précédente ! – imaginée par l'auteur de *La Légende des siècles* ?

« Mon premier est un étudiant en médecine
Assis au sommet d'un amphithéâtre,
Mon second se compose des dernières lettres du journal,
Mon tout est un chant révolutionnaire. »

Solution p. 81

Remarquable poème et poème remarquable

En quoi ce poème de Tristan Derème est-il remarquable ?

« Ayant beaucoup cueilli d'émouvantes fleurs grises
Herbe ! Ici jamais Kriss, lame malaise, ni...
On pourrait quelquefois retrouver sans tristesse
Un vieux wagon...
Xavier ! Yvonne ! Zoé ! »

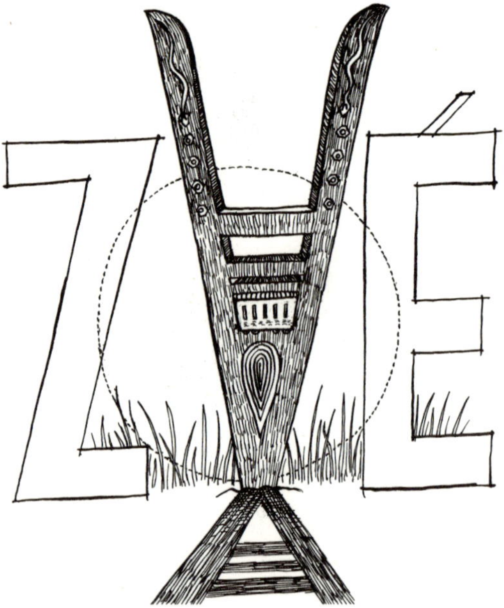

Solution p. 82

Phrase vicieuse

Quelles sont les particularités de cette phrase ?

« Portez ce vieux whisky
au juge blond qui fume. »

Solution p. 83

Lettre à l'amant

Pourquoi cette lettre de George Sand à Alfred de Musset est plus coquine qu'il n'y paraît à première vue ?

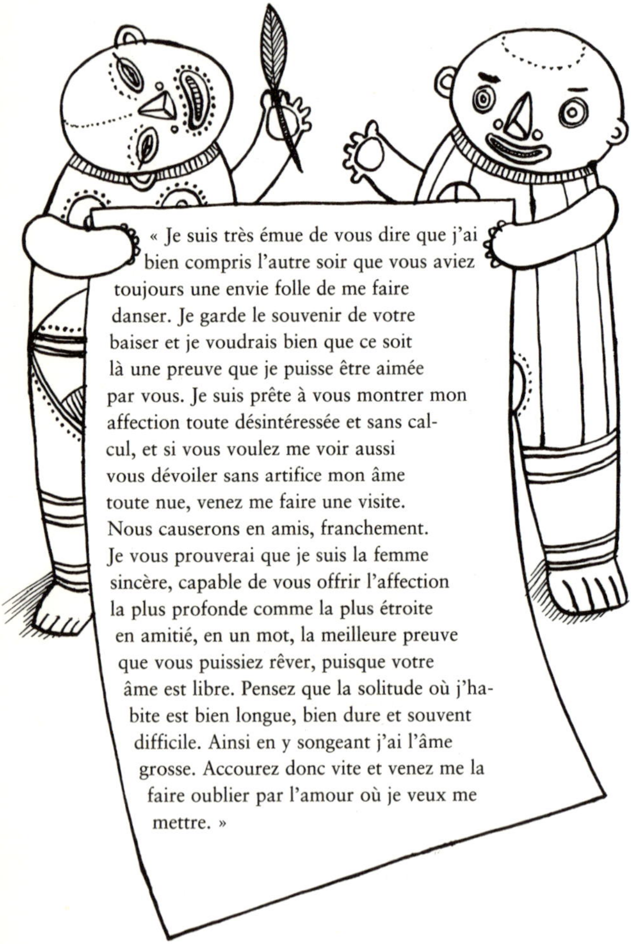

« Je suis très émue de vous dire que j'ai bien compris l'autre soir que vous aviez toujours une envie folle de me faire danser. Je garde le souvenir de votre baiser et je voudrais bien que ce soit là une preuve que je puisse être aimée par vous. Je suis prête à vous montrer mon affection toute désintéressée et sans calcul, et si vous voulez me voir aussi vous dévoiler sans artifice mon âme toute nue, venez me faire une visite. Nous causerons en amis, franchement. Je vous prouverai que je suis la femme sincère, capable de vous offrir l'affection la plus profonde comme la plus étroite en amitié, en un mot, la meilleure preuve que vous puissiez rêver, puisque votre âme est libre. Pensez que la solitude où j'habite est bien longue, bien dure et souvent difficile. Ainsi en y songeant j'ai l'âme grosse. Accourez donc vite et venez me la faire oublier par l'amour où je veux me mettre. »

Solution p. 84

Lettre à l'amante

À présent, saurez-vous rendre plus explicite cette requête d'Alfred de Musset ?

« Quand je mets à vos pieds un éternel hommage
Voulez-vous qu'un instant je change de visage ?
Vous avez capturé les sentiments d'un cœur
Que pour vous adorer forma le Créateur.
Je vous chéris, Amour, et ma plume en délire
Couche sur le papier ce que je n'ose dire.
Avec soin, de mes vers lisez les premiers mots
Vous saurez quel remède apporter à mes maux. »

Quelle est la réponse de George Sand ?

« Cette insigne faveur que votre cœur réclame
Nuit à ma renommée et répugne à mon âme. »

Solution p. 85

Drôle d'expression 1

Quelle expression française se cache ci-dessous ?

PAİRSONNE

Solution p. 86

Drôle d'expression 2

Quelle expression française se cache ci-dessous ?

Solution p. 87

Première énigme de Zadig

Cette énigme est extraite du chapitre XIX de *Zadig*, un célèbre conte de Voltaire. Dans ce chapitre, le héros éponyme doit répondre à un certain nombre d'énigmes que lui énonce le grand mage.
La première de cette série est la suivante :

> « Quelle est de toutes les choses du monde la plus longue et la plus courte, la plus prompte et la plus lente, la plus divisible et la plus étendue, la plus négligée et la plus regrettée, sans qui rien ne se peut faire, qui dévore tout ce qui est petit et qui vivifie tout ce qui est grand ? »

Solution p. 88

Deuxième énigme de Zadig

Cette énigme fait suite à la précédente dans le conte de Voltaire.

> « Quelle est la chose qu'on reçoit sans remercier, dont on jouit sans savoir comment, qu'on donne aux autres quand on ne sait où l'on en est, et qu'on perd sans s'en apercevoir ? »

Solution p. 89

Que suis-je ? n° 2

Je ne suis pas ce que je suis, car si j'étais
ce que je suis, je ne serais pas ce que je suis.

Que suis-je ?

Solution p. 90

Que suis-je ? n° 3

« Devine-moi, car j'en suis digne,
Je me cache lorsque je sers,
C'est presque toujours dans les vers
Que l'on me trouve à chaque ligne. »

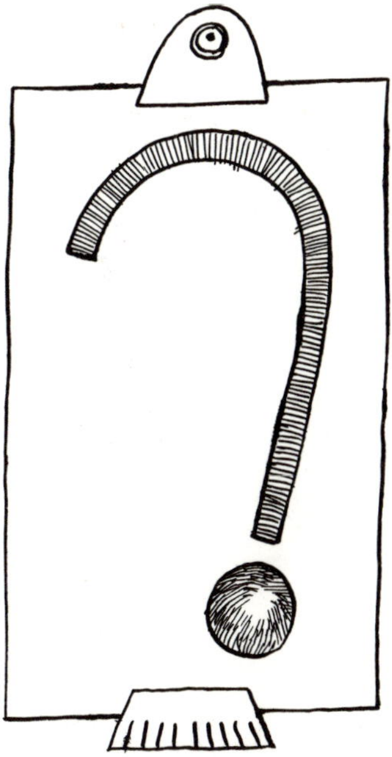

De quoi s'agit-il ?

Solution p. 91

Lipogramme

En quoi cet extrait du roman de Georges Perec, *La Disparition*, est-il remarquable ?

> « Anton Voyl n'arrivait pas à dormir. Il alluma. Son Jaz marquait minuit 20. Il poussa un profond soupir, s'assit dans son lit, s'appuyant sur son polochon. Il prit son roman, il l'ouvrit, il lut ; mais il n'y saisissait qu'un imbroglio confus, il butait à tout instant sur un mot dont il ignorait la signification.
> Il abandonna son roman sur son lit. Il alla à son lavabo ; il mouilla un gant qu'il passa sur son front, sur son cou. »

Solution p. 92

Invitation

Ce sonnet de Jean Goudezki donne une impression de déjà-lu ou de déjà-entendu. Pourquoi ?

« Je t'attends samedi, car Alphonse Allais, car
À l'ombre, à Vaux, l'on gèle. Arrive. Oh ! la campagne !
Allons – bravo ! – longer la rive au lac, en pagne ;
Jette à temps, ça me dit, carafons à l'écart.

Laisse aussi sombrer tes déboires, et dépêche !
L'attrait (puis, sens !) : une omelette au lard nous rit,
Lait, saucisse, ombre, thé des poires et des pêches,
Là, très puissant, un homme l'est tôt. L'art nourrit.

Et, le verre à la main, – t'es-tu décidé ? Roule –
Elle verra, là mainte étude s'y déroule,
Ta muse étudiera les bêtes ou les gens !

Comme aux dieux devisant, Hébé (c'est ma compagne)...
Commode, yeux de vice hantés, baissés, m'accompagne...
Amusé, tu diras : "L'Hébé te soûle, hé ! Jean !" »

Solution p. 93

Signature

Quel auteur a signé cette célèbre ballade ?

« Dame des cieulx, regente terrienne
Emperiere des infernaux paluz,
Recevez moy, vostre humble chrestienne,
Que comprinse soye entre vos esleuz,
Ce non obstant qu'oncques rien ne valuz.
Les biens de vous, ma dame et ma maistresse
Sont trop plus grans que ne suis pecheresse,
Sans lesquels biens ame ne peut merir
N'avoir les cieulx, je n'en suis jengleresse.
En ceste foy je vueil vivre et mourir.

À vostre Filz dictes que je suis sienne ;
De luy soyent mes pechiez aboluz :
Pardonne moy comme a l'Egipcienne,
Ou comme il feist au clerc Theophilus,
Lequel par vous fut quitte et absoluz,
Combien qu'il eust au diable fait promesse.
Preservez moy, que ne face jamais ce,
Vierge portant, sans rompure encourir,
Le sacrement qu'on celebre a la messe
En ceste foy je vueil vivre et mourir.

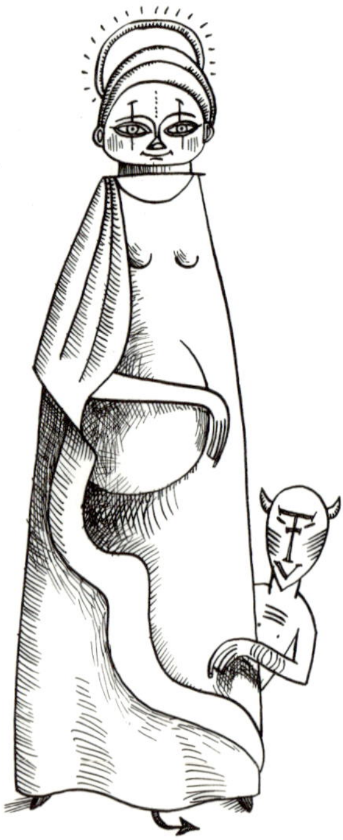

Femme je suis, povrette et ancienne,
Qui rien ne sçay ; oncques lettre ne leuz;
Au moustier voy dont suis paroissienne
Pâradis painct, où sont harpes et luz,
Et ung enfer où damnez sont boulluz :
L'ung me fait paour, l'autre joye et liesse.
La joye avoir fais moy, haulte Deesse,
A qui pecheurs doivent tous recourir,
Comblez de foy, sans faincte ne paresse.
En ceste foy je vueil vivre et mourir.

Envoi :
Vous portastes, digne Vierge, princesse,
Iesus regnant, qui n'a ne fin ne cesse.
Le Tout-Puissant, prenant nostre foiblesse,
Laissa les cieulx et nous vint secourir,
Offrir a mort sa tres chiere jeunesse.
Nostre Seigneur tel est, tel le confesse.
En ceste foy je vueil vivre et mourir. »

Solution p. 94

Dos, caddy d'aisselles

Derrière ce sonnet au sens sibyllin se cache un célèbre poème. Lequel ?

« Fellah, décris-les, tes seins las de pire soûle,
Fédor, relies l'azur tour à tour lent du mot
Rond qu'hélas est vers traqueur – vingt fois de jet – et
Reine si l'âge n'a tout gros, là, dans vert et jais.

Haine : l'art d'Eusèbe éduque orge enroué : front. Mon
Rond, bille où, niant s'il eut bus, faire, où mou, jà, suit.
Lis ça : zéro ! L'âpre à Pan, le Youtre là et
Les eaux des coeurs montent à temps et plaisent qui fleurent là.

Lis ! T'as dit "Merle happé" ? Lis : Zippo le moirant
Laisse au con maquis, toi, beau tondu, nuis l'Adam
Lit collant mais là, de noir : l'aye ! sot le porte !

Laisse tes cons ! Lutte ! Monte et mords l'étoile et ce mât
Lies borate où la natte est Kid à serein l'hep !
Les sauts qu'on l'un : veuf, l'Hébreu n'était. Le suis-je ? »

© *Oulipo*, « À Raymond Queneau »,
Bibliothèque Oulipienne n° 4, vol. 1, Seghers, 1990.

Solution p. 95

Sens

Quel poème se cache derrière ce poème absurde ? Comment a-t-il été rédigé ?

Par les soins blets d'étayage, j'ioulerai dans les senteurs,
Picoré par les blazers, fouir l'herbage mentholé :
Revêtement, j'en semoncerai le frai à mes piécettes.
Je lainerai le vénitien baguer mon têtard nudiste.

Je ne parlementerai pas, je ne pénétrerai quiconque,
Mais l'amortisseur infime me monopolisera dans l'ambulancier ;
Et j'ioulerai logiquement, bibliquement logiquement, comme une bohème,
Par le naturaliste, hétérozygote – comme avec une féminité.

Artémise Rilke

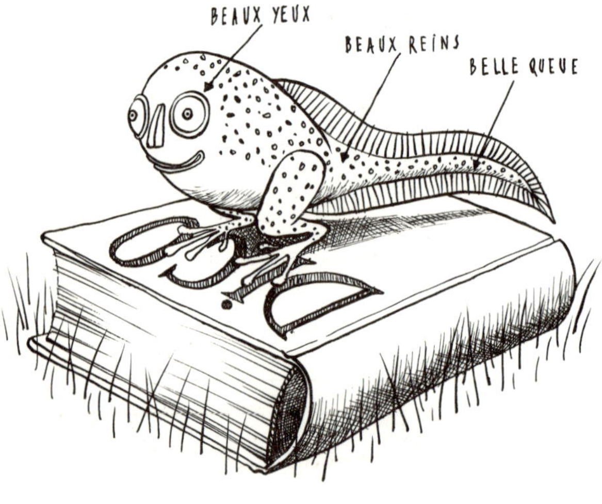

Solution p. 96

Que suis-je ? n° 4

Saurez-vous résoudre cette énigme imaginée par Voltaire ?

« Cinq voyelles, une consonne,
En français composent mon nom,
Et je porte sur ma personne
De quoi l'écrire sans crayon. »

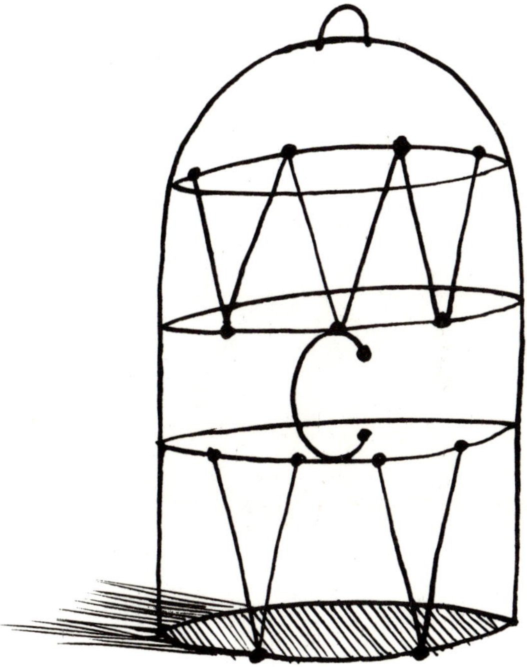

Solution p. 97

L'énigme de Nicolas Boileau

Saurez-vous résoudre cette énigme imaginée par Boileau ?

> « Du repos des humains, implacable ennemie.
> J'ai rendu mille amants envieux de mon sort.
> Je me repais de sang et je trouve la vie
> Dans les bras de celui qui recherche ma mort. »

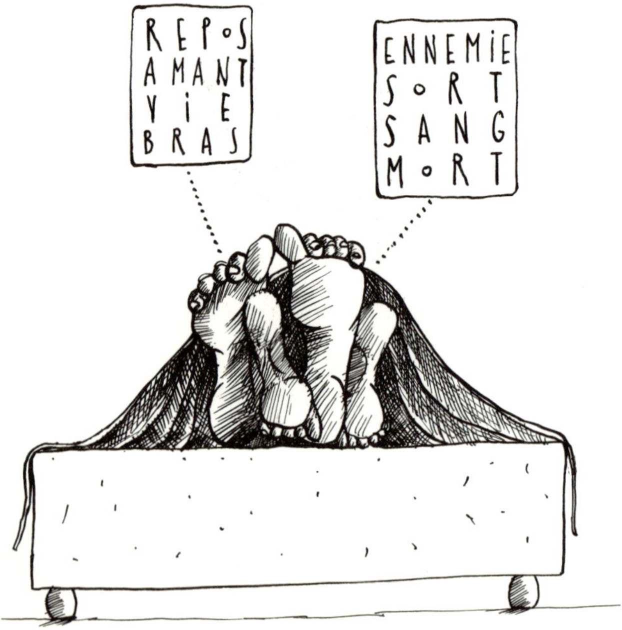

Solution p. 98

Histoire de famille

Quelle famille est décrite en ces vers ?

> « Un bon vieux père a douze enfants,
> Ces douze en ont plus de trois cents ;
> Ces trois cents en ont plus de mille ;
> Ceux-ci sont blancs, ceux-là sont noirs ;
> Et par de mutuels devoirs
> Un repos éternel dure en cette famille. »

Solution p. 99

Drôle d'expression 3

Quelle expression française se cache ci-dessous ?

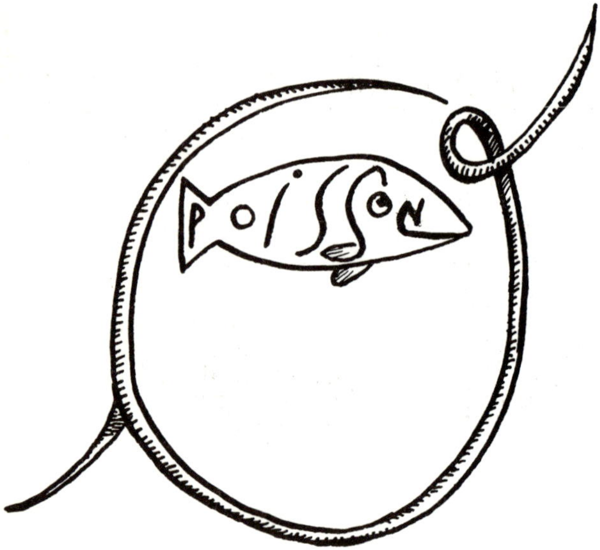

Solution p. 100

Drôle d'expression 4

Quelle expression française se cache ci-dessous ?

Solution p. 101

Pseudonyme d'écrivain

Quel écrivain se cache derrière le pseudonyme de Bison Ravi ?

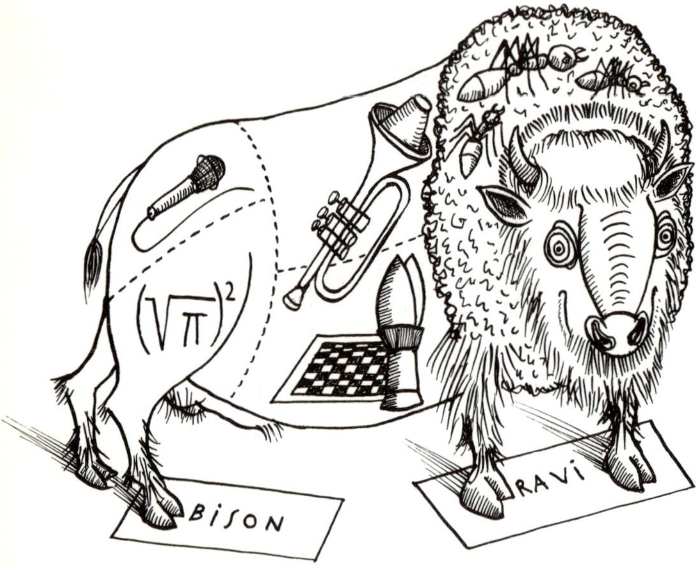

Solution p. 102

Pseudonyme d'écrivain bis

Quel écrivain se cache derrière le pseudonyme de Alcofribas Nasier ?

Solution p. 103

La vertu selon François Arago

Parviendrez-vous à déchiffrer la devise du savant François Arago ?

Solution p. 104

Sens dessus dessous

Déchiffrez cette énigme en reprenant le même principe.

Solution p. 105

Mots janus

De quel prénom est-il question dans cette énigme ? Quelle est donc cette « journée mémorable » ?

« De maint bambin, prénom
Aussi gentil qu'aimable
En retournant mon nom,
Changement admirable
Tout près du réveillon,
La journée mémorable. »

Solution p. 106

L'énigme de Charles Sorel

« Qui est celui[1] qui n'est ni matière, ni idée,
ni corps, ni cause et qui est conjoint à tout ;
qui fait des portraits de toutes les choses du monde,
mais imparfaits et si bigarres qu'ils paraissent
monstrueux, selon de certains temps ? »

1. Celle

Solution p. 107

Lettres vertueuses

Quelles sont les lettres de l'alphabet les plus dociles ? Et les moins solides ?

Solution p. 108

Lettres vertueuses bis

Quelles sont les lettres de l'alphabet les moins lisibles ?
Et celles qui ornent les monnaies ?

Solution p. 109

Charade hugolienne

Saurez-vous résoudre cette charade imaginée par l'auteur de *L'homme qui rit* ?

« J'achète mon second avec que mon premier
Pour le voir à la fin mangé par mon entier. »

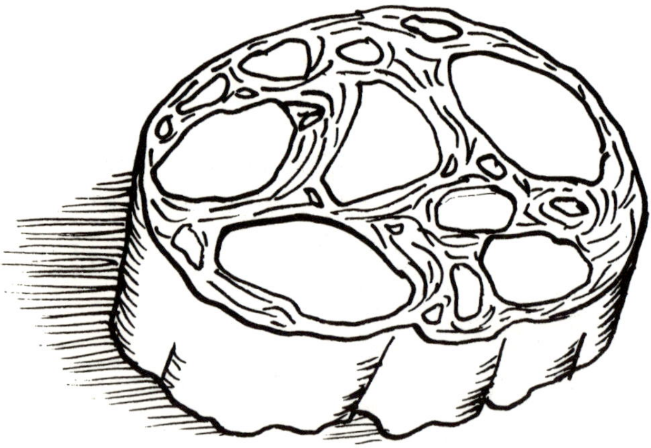

Solution p. 110

Charade hugolienne à tiroirs

La résolution de cette charade de Victor Hugo demande d'avoir de la suite dans les idées !

« Mon premier a été volé,
Mon deuxième se bourre comme une pipe,
Mon troisième vaut cent francs,

Et mon tout est une voiture légère. »

Solution p. 111

Logogriphe à trois inconnues

« Vous pouvez, sans fatigue extrême,
Chers lecteurs, me décomposer ;
Car je n'ai que six pieds[1], sans y rien transposer ;
Ôtez-moi le dernier, je suis toujours le même ;
Ôtez-m'en deux encore, et sachez bien
Qu'à ma nature aussi, vous n'aurez ôté rien. »

De quoi s'agit-il ?

1. Comprendre : 6 lettres.

Solution p. 112

Logogriphe à sept inconnues

« Avec huit pieds je suis un effronté gamin ;
Sur sept, un être sous-marin ;
Sur six, une substance invisible et mortelle
Que souvent un objet trop séduisant recèle ;
Sur cinq, des basses-cours je deviens l'habitant ;
Sur quatre, un mets appétissant ;
Sur trois, le bruit qui frappe mes oreilles
Quand la nature et l'art font l'assaut de merveilles ;
Sur deux, petit pronom prononcé bien souvent,
J'endosse mainte médisance,
Et sous ce masque, impunément,
Chacun incognito parle avec assurance. »

De quoi s'agit-il ?

Solution p. 113

Entrefilet

Parviendrez-vous à déchiffrer ce texte ?

Chats	Après sa série d'	Chats
Acte	La danseuse pendant l'	Acte
Mets	Pensait manger un	Mets
Faites	Arrivant sur ces	Faites
Tint	Son habilleuse l'	Tint
Ailles	Des conséquences pour ses	Ailles
Prise	De cette impensable	Prise

Solution p. 114

À la manière des grands rhétoriqueurs

Parviendrez-vous à déchiffrer ce poème ?

Le jeune globe-trot trot trot
S'arrêta pour dégus gus gus
Du fromage de bre bre
Tartiné sur du pain pain.

Solution p. 115

Contrepet

Sous l'Occupation, quel contrepet de « Métropolitain » pouvait-on voir écrit sur les murs de Paris ?

Solution p. 116

L'an 1 de la Kollaboration

« Aimons et admirons le chancelier Hitler
L'éternelle Angleterre est indigne de vivre
Maudissons écrasons le peuple d'outremer
Le Nazi sur la terre sera seul à survivre
Soyons donc le soutien du Führer allemand
Des boys navigateurs finira l'odyssée
À eux seuls appartient un juste châtiment
La palme du vainqueur attend la croix gammée. »

Un vrai Français

Le texte ci-dessus apparaissait sur un tract que de jeunes résistants distribuèrent pendant la Seconde Guerre mondiale. Saurez-vous déchiffrer leur véritable message ?

Solution p. 117

Traduction à la manière oulipienne

Quel célèbre poème se cache derrière cette « traduction » absurde ? Avec quelle technique a-t-il été rédigé ?

« Hier, jusqu'au soir, à la minute où noircit la ville,
Je resterai. Aveugle-toi, j'ignore que tu t'en vas.
Je reviendrai par la prairie, je reviendrai par la vallée.
Je peux partir près de toi moins brièvement.

Je stopperai les pieds mobiles sur mes actes,
En voyant tout au-dedans, en entendant chaque silence,
Accompagné, célèbre, le ventre droit, les pieds joints,
Joyeux, et la nuit contre moi disparaîtra à l'inverse de la journée.

Je dédaignerai et le plomb du matin qui s'élève,
Et les moteurs tout près montant loin de Menton,
Et quand je partirai, j'enlèverai de ton berceau
Une tige d'algue orange et de cactus dépouillé. »

Solution p. 118

Alexandrins greffés

Qu'est-il arrivé au sonnet de Joachim du Bellay ?

« Heureux qui, comme Ulysse, autour de moi hurlait,
Ou comme cestuy-là, douleur majestueuse,
Et puis est retourné, d'une main fastueuse
Vivre entre ses parents le feston et l'ourlet.

Quand reverrai-je, hélas, sa jambe de statue.
Fumer la cheminée, comme un extravagant,
Reverrai-je le clos où germe l'ouragan,
Qui m'est une province, et le plaisir qui tue ?

Plus me plaît le séjour – fugitive beauté –
Que des palais Romains soudainement renaître
Plus que le marbre dur que dans l'éternité

Plus mon Loir gaulois, trop tard ! jamais peut-être !
Plus mon petit Liré, tu ne sais où je vais,
Et plus que l'air marin ô toi qui le savais ! »

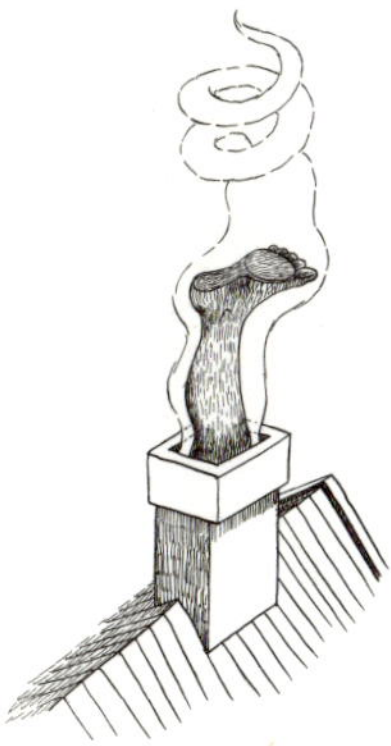

Solution p. 119

Inventaire

Quel poème figure ci-dessous sous forme d'inventaire ?

raison heure agneau courant onde loup aventure faim
lieux breuvage animal rage témérité sire agneau majesté
colère courant pas façon boisson bête an agneau mère
frère bergers chiens forêts loup forme procès

Solution p. 121

Que suis-je ? n° 5

« Je suis un invisible corps,
Qui de bas lieu tire mon être ;
Pour sauver son honneur, mon maître
Cèle qui je suis, d'où je sors.

Je parle et me tais à la fois,
Et bien souvent lorsqu'on me presse
Je deviens femelle traîtresse,
De franc mâle que je ferois.

J'ignore l'art de discourir,
Je sais pourtant me faire entendre ;
Le même moment qui m'engendre
Me voit naître, vivre et mourir.

Par moi l'un des sons est touché
D'une très fâcheuse influence,
Et l'on rougit de ma naissance
Comme on rougirait d'un pêché.

Un poète eut sept villes pour soi
Dont chacune s'en disait mère :
Mais ce qui se fit pour Homère,
Jamais ne se fera pour moi.

Mes Dames dont l'esprit charmant,
De m'expliquer ose entreprendre,
Gardez-vous bien de me méprendre,
Et de me faire en me nommant. »

Solution p. 123

Drôle d'expression 5

Quelle expression française se cache ci-dessous ?

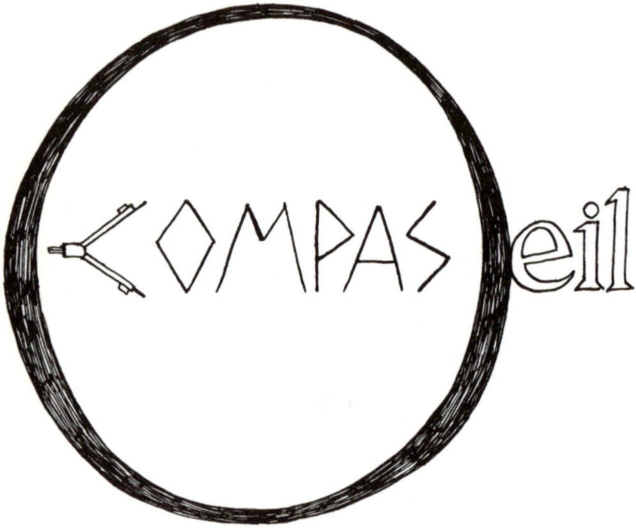

Solution p. 124

Drôle d'expression 6

Quelle expression française se cache ci-dessous ?

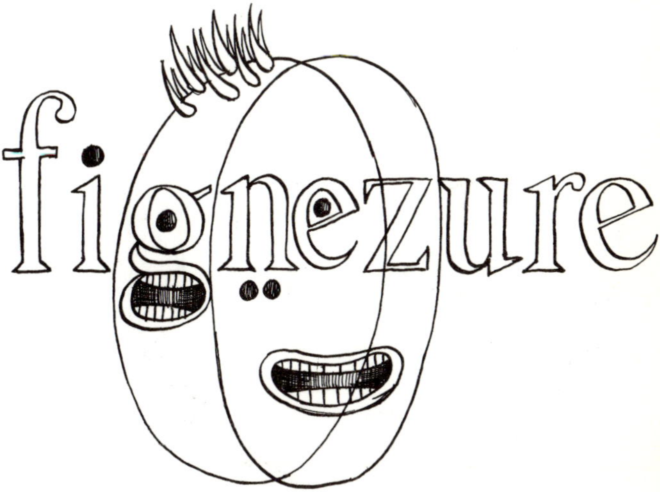

Solution p. 125

Auteurs cachés

Remplacez chaque point du tableau ci-dessous par une lettre de façon à former sept mots horizontalement et deux noms d'auteur français verticalement.

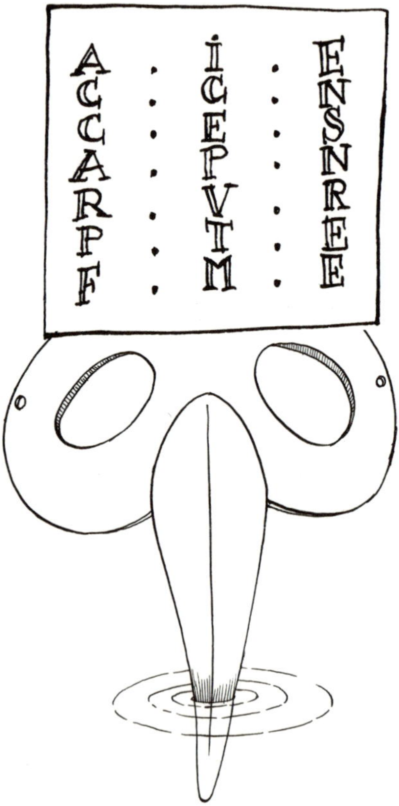

Solution p. 126

Proverbes en échecs

Deux proverbes bien connus sont cachés dans cet échiquier un peu particulier. Les lettres du premier proverbe (qui commence par la lettre grise en haut à gauche de la grille) progressent comme un cavalier, les lettres du deuxième (qui commence par la lettre en gras en haut à gauche de la grille) comme une dame. Les deux progressions sont indépendantes l'une de l'autre, on ne vous demande pas de jouer une partie d'échecs !

L	Q	R	U	E	N	T
U	U	U	N	N	O	E
E	A	U	G	F	N	E
E	I	H	R	F	B	U
N	E	E	S	O	P	A
L	O	O	E	I	V	F
B	V	L	L	A	O	T

Rappel : le cavalier se déplace suivant le dessin d'un L, en changeant à chaque fois de couleur de case. La dame se déplace sur toute case de la colonne, de la traverse ou des diagonales sur lesquelles elle se trouve.

Solution p. 127

Que suis-je ? n° 6

« L'on ne connaît en moi fin, ni commencement ;
Neuf dissemblables sœurs m'accompagnent
Et m'aident :
Tout seul je ne vaux rien, mais quand elles
Précèdent
On peut me faire alors valoir infiniment. »

De quoi s'agit-il ?

Solution p. 128

Que suis-je ? n° 7

« Je suis dans le milieu du monde,
J'ai quatre pieds dans un tonneau ;
Je ne suis point en terre, encore moins dans l'eau ;
Et cependant je suis dans l'onde.

Je dis fort souvent non, et ne dis jamais oui,
Je suis en même temps dans la tête d'une anguille,
Et dans la queue du serpent jamais pourtant je ne frétille.
Or devinez mon sort plaisant. »

De quoi s'agit-il ?

Solution p. 129

Charade n° 1

« Une des sept sœurs en musique,
Compose toujours mon premier ;
Chaque être porte avec lui mon dernier ;
En guerre encor il est mis en pratique,
Et l'on trouve dans mon entier,
Une calamité publique. »

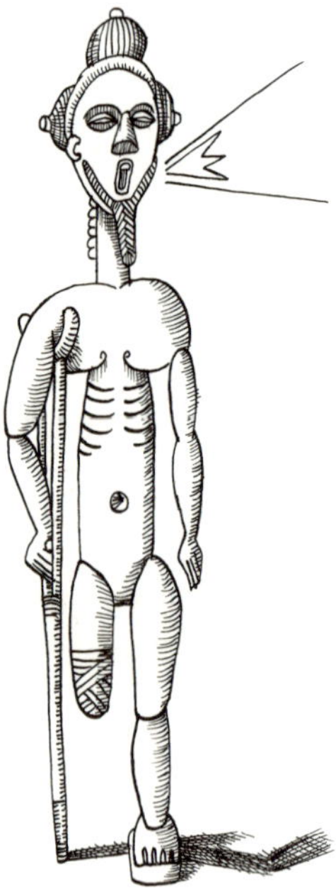

De quoi s'agit-il ?

Solution p. 130

Charade n° 2

« Mon premier, tous les ans, n'arrive qu'une fois ;
Mon second sur la tête élégamment s'arrange ;
Et mon tout sur les cœurs a le pouvoir d'un ange,
Qui descendrait du ciel pour nous donner ses lois. »

De quoi s'agit-il ?

Solution p. 131

Charade de Tristan Derème

« Mon second pond mon premier dans mon troisième.
Mon tout est un prénom féminin. »

De quoi s'agit-il ?

Solution p. 132

Charade nº 3

« Jeunes fillettes,
Vous désirez bien à tort mon premier ;
Vieilles coquettes,
Bien vainement vous cachez mon dernier.
Dans mon entier ceux qu'un attrait engage,
Saint Paul l'a dit,
De choisir le meilleur partage
N'ont pas l'esprit. »

De quoi s'agit-il ?

Solution p. 133

Ressemblance

Quel est le point commun entre Londres, Virginie et l'ours polaire ?

Solution p. 134

Différence

Quelle est la différence entre un horloger et une girouette ?

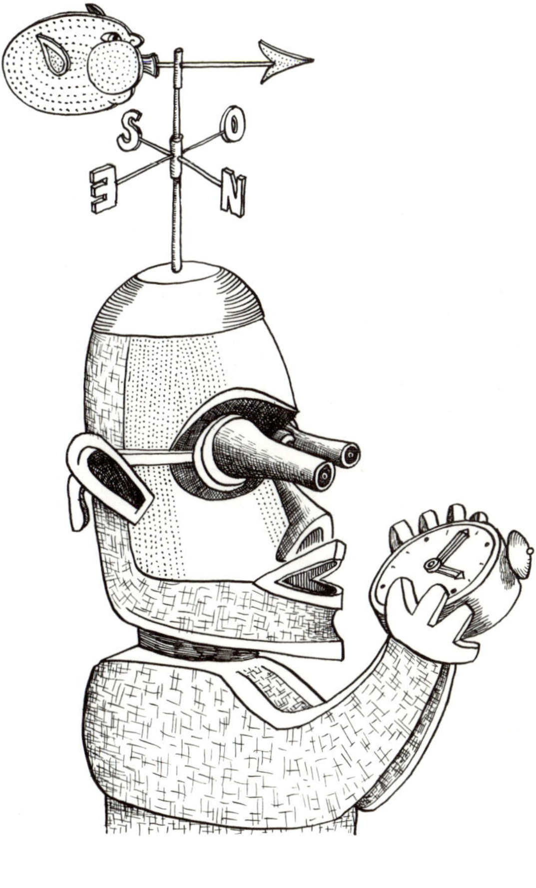

Solution p. 135

Rendez-vous

Le comte Eugène de Ségur demande à son valet de porter une invitation. Ce dernier lit sur l'enveloppe :

« À Mademoselle »

À qui doit-il porter l'invitation ?

Solution p. 136

Rendez-vous (suite)

À l'intérieur de l'enveloppe, la jeune fille – à qui l'invitation est bien parvenue ! – découvre ce message :

« Voulez-vous venir d î ner
chez moi ce soir ? »

Doit-elle porter une robe de soirée ?

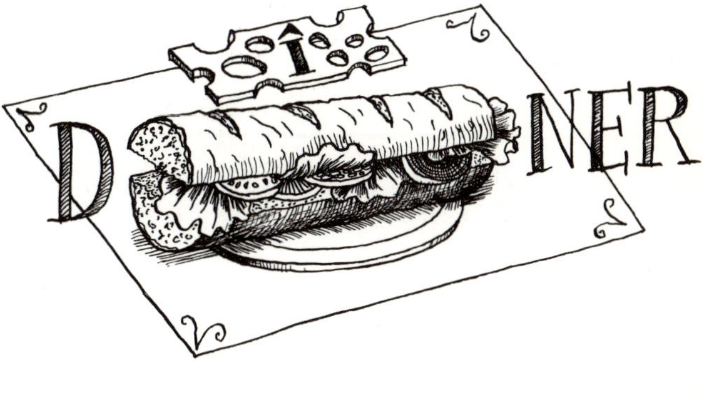

Solution p. 137

Dialogue de sourds

Décodez cet étrange dialogue, sachant que chaque tiret remplace une lettre :

Solution p. 138

Épitaphe d'une dépensière

Pouvez-vous déchiffrer cette épitaphe ?

Solution p. 139

Arithmorème

Résolvez cette addition un peu particulière pour obtenir, sous forme d'anagramme, le nom d'un dramaturge français.

Indice : pour résoudre un arithmorème, il faut d'abord trouver un mot d'après sa définition puis convertir un nombre donné en chiffres arabes en chiffres romains. Les deux réponses obtenues sont enfin juxtaposées pour donner l'anagramme du mot à trouver.

Solution p. 140

Arithmorème bis

Résolvez cette addition un peu particulière pour obtenir, sous forme d'anagramme, un prénom slave.

Divinité solaire +
année du décès de Jacques Cartier
= prénom slave

Solution p. 141

Définitions

Dans la phrase suivante, chaque mot important a été remplacé par sa définition. Saurez-vous retrouver la phrase initiale ?

> La personne qui lit, avide de connaître les secrets d'autrui, fait un effort pour donner une solution à l'ensemble sans exception des jeux d'esprit où l'on donne à deviner une chose en la décrivant en termes obscurs et ambigus de cet assemblage de feuilles imprimées formant un volume relié ou broché.

Solution p. 142

Des chiffres et des lettres

Pouvez-vous déchiffrer ce message ?

Solution p. 143

La der des der

Quel est ce MOT ?

Solution p. 144

Solutions

Que suis-je ? n° 1

À tout seigneur, tout honneur, nous avons choisi de débuter cet ouvrage par cette énigme, dont la réponse, le sphinx, est un clin d'œil au père de l'énigme.
En effet, cette créature fabuleuse de la mythologie grecque, au corps de lion et à la tête humaine, terrorisait la Béotie et promettait de quitter la région si quelqu'un résolvait l'énigme qu'elle proposait. Ceux qui échouaient mouraient. L'énigme était la suivante : « Quel être, pourvu d'une seule voix, a d'abord quatre jambes, puis deux jambes, et trois jambes ensuite ? »
Œdipe résolut l'énigme en répondant « l'homme » : il marche, en effet, d'abord à quatre pattes lorsqu'il est bébé, sur deux jambes à l'âge adulte, puis sur trois, aidé d'une canne, sur ses vieux jours. Le mot « sphinx » a effectivement six « membres » – six lettres – et si l'on enlève sa tête – la lettre *s* – et qu'on lui ajoute un cœur – la lettre *e* –, on obtient, en changeant l'ordre des lettres, le mot « phénix ».

Solution de la p. 12

Logogriphe

L'hiver !

Un logogriphe est un jeu d'esprit dans lequel il faut deviner un mot, défini par une énigme, sachant que ce mot utilise en partie les mêmes lettres qu'un premier mot, pour lequel on dispose également d'éléments de définition.
Si, du nom de la saison « hiver », on retire une lettre, on obtient le mot « hier », qui désigne la journée précédant aujourd'hui.

Solution de la p. 13

Charade hugolienne (débutant)

Cette charade est un exemple de charade dite « à piège », ou « fausse charade », dont la réponse est en réalité phonétiquement contenue dans la charade elle-même.
Mon premier est le mot « bavard ».
Mon second est le mot « oiseau ».
Mon troisième est le mot « café ».

La réponse est donc « bavaroise au café » (bavard – oiseau – café).

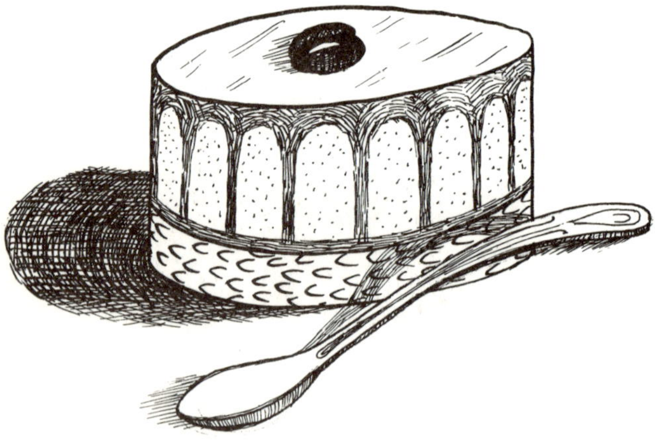

Solution de la p. 14

Charade hugolienne (confirmé)

L'Internationale (interne – assis haut – nal).

Victor Hugo se plaisait à inventer des charades et autres jeux de mots. Bon nombre ont été compilés dans un recueil de jeunesse, les *Cahiers de vers français*, rédigé alors qu'il était encore élève à la pension Cordier, et qui ne sera publié dans sa totalité qu'en 1952.

Solution de la p. 15

Remarquable poème et poème remarquable

On doit ce poème à Tristan Derème, l'un des fondateurs de l'école fantaisiste, créée en 1912 par un groupe de poètes qui opposaient le burlesque et la fantaisie aux différents courants en vogue au XIXe siècle. La Première Guerre mondiale mit un terme prématuré à cette école méconnue.

Dans ce poème, les premières lettres de chaque mot forment l'alphabet complet dans l'ordre :

« Ayant beaucoup cueilli d'émouvantes fleurs grises
Herbe ! Ici jamais Kriss, lame malaise, ni...
On pourrait quelquefois retrouver sans tristesse
Un vieux wagon...
Xavier ! Yvonne ! Zoé ! »

Solution de la p. 16

Phrase vicieuse

Cette phrase est un célèbre pangramme français, c'est-à-dire une phrase comportant toutes les lettres de l'alphabet au moins une fois. Celui-ci est particulièrement remarquable : en plus de contenir toutes les lettres de l'alphabet, il forme un alexandrin ayant un sens cohérent.

Solution de la p. 17

Lettre à l'amant

Cette déclaration d'amour de George Sand à Alfred de Musset peut sembler ordinaire à la première lecture, mais en y regardant de plus près, elle prend un tout autre sens : en ne lisant qu'une ligne sur deux de cette lettre, vous vous apercevrez que la déclaration de l'auteur de *La Petite Fadette* est extrêmement crue !

> « **Je suis très émue de vous dire que j'ai**
> bien compris l'autre soir que vous aviez
> **toujours une envie folle de me faire**
> danser. Je garde le souvenir de votre
> **baiser et je voudrais bien que ce soit**
> là une preuve que je puisse être aimée
> **par vous. Je suis prête à vous montrer mon**
> affection toute désintéressée et sans cal-
> **cul, et si vous voulez me voir aussi**
> vous dévoiler sans artifice mon âme
> **toute nue, venez me faire une visite.**
> Nous causerons en amis, franchement.
> **Je vous prouverai que je suis la femme**
> sincère, capable de vous offrir l'affection
> **la plus profonde comme la plus étroite**
> en amitié, en un mot la meilleure preuve
> **que vous puissiez rêver, puisque votre**
> âme est libre. Pensez que la solitude où j'ha-
> **bite est bien longue, bien dure et souvent**
> difficile. Ainsi en y songeant j'ai l'âme
> **grosse. Accourez donc vite et venez me la**
> faire oublier par l'amour où je veux me
> **mettre.** »

Solution de la p. 18

Lettre à l'amante

Alfred de Musset donne la solution pour décoder son message et la réponse de sa maîtresse : il suffit de retenir le premier mot de chaque vers. La phrase ainsi formée constitue un acrostiche.

Question d'Alfred de Musset :

« **Quand** je mets à vos pieds un éternel hommage
Voulez-vous qu'un instant je change de visage ?
Vous avez capturé les sentiments d'un coeur
Que pour vous adorer forma le Créateur.
Je vous chéris, amour, et ma plume en délire
Couche sur le papier ce que je n'ose dire.
Avec soin, de mes vers lisez les premiers mots
Vous saurez quel remède apporter à mes maux. »

Réponse de George Sand :

« **Cette** insigne faveur que votre cœur réclame
Nuit à ma renommée et répugne à mon âme. »

Solution de la p. 19

Drôle d'expression 1

Il y a erreur sur la personne (il y a une faute d'orthographe dans le mot « PERSONNE »).

Solution de la p. 20

Drôle d'expression 2

Passer sous silence (le verbe « PASSER » est écrit au-dessous du nom « SILENCE »).

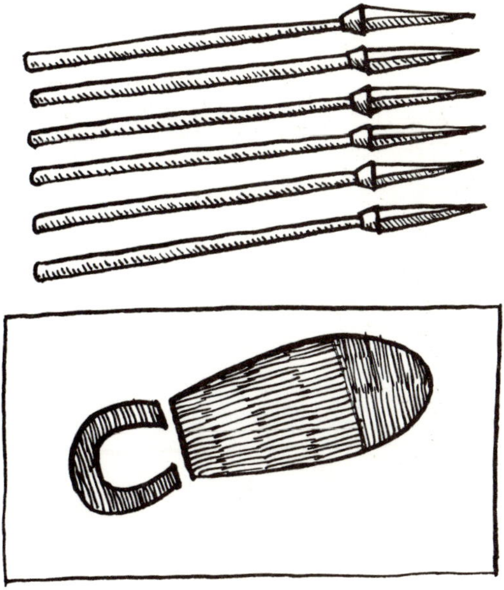

Solution de la p. 21

Première énigme de Zadig

Voici la réponse du héros éponyme de Voltaire :

> « Zadig dit que c'était le temps : "Rien n'est plus long, ajouta-t-il, puisqu'il est la mesure de l'éternité ; rien n'est plus court, puisqu'il manque à tous nos projets ; rien n'est plus lent pour qui attend ; rien de plus rapide pour qui jouit ; il s'étend jusqu'à l'infini en grand ; il se divise jusque dans l'infini en petit ; tous les hommes le négligent, tous en regrettent la perte ; rien ne se fait sans lui ; il fait oublier tout ce qui est indigne de la postérité et il immortalise les grandes choses". »

Solution de la p. 22

Deuxième énigme de Zadig

« Zadig devina seul que c'était la vie. »

D'autres énigmes, qui ne sont pas explicitées dans l'œuvre de Voltaire, sont ensuite soumises à Zadig, qui les résout toutes, selon l'auteur, « avec la même facilité ».

Solution de la p. 23

Que suis-je ? n° 2

Je suis un valet !

Cette énigme joue sur l'ambiguïté homophonique et homographique de la forme verbale « suis » (première personne du singulier de l'auxiliaire « être » au présent de l'indicatif) et « suis » (première personne du singulier du verbe « suivre » au présent de l'indicatif) :

> « Je ne suis (verbe « être ») pas ce que je suis (verbe « suivre »), car si j'étais ce que je suis (verbe « suivre »), je ne serais pas ce que je suis (verbe « être »). »

Ainsi décodée la phrase signifie la chose suivante : « Je ne suis pas un maître, car si j'étais un maître, je ne serais pas un valet. »

CQFD !

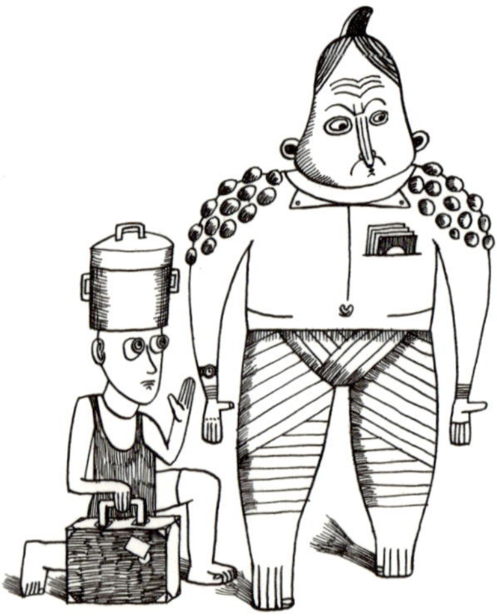

Solution de la p. 24

Que suis-je ? n° 3

Je suis un hameçon !

L'hameçon est plongé dans l'eau lorsque l'on s'en sert, on le trouve dans les vers que l'on met comme appâts et on le trouve au bout de chaque canne à pêche à laquelle on fixe une ligne.
Cette énigme est particulièrement savoureuse du fait de la double homonymie des noms communs « vers » et « ligne », chaque mot prenant un sens différent selon qu'il est compris comme un terme de pêche ou comme un terme de poésie.

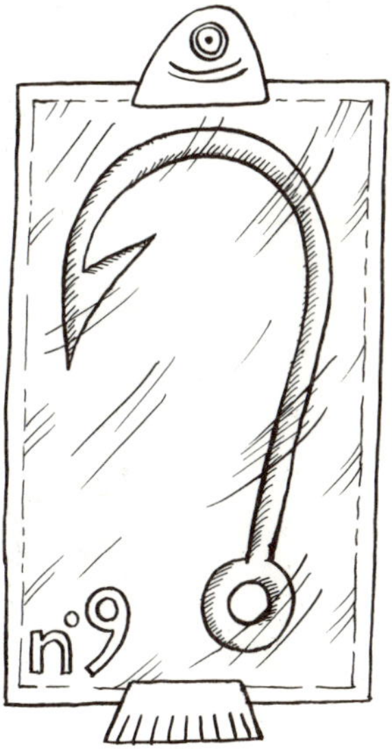

Solution de la p. 25

Lipogramme

Le récit de Georges Perec est un texte à contrainte, ce qui signifie que son écriture obéit à une règle stylistique que l'auteur s'est imposée.
Cet extrait, comme d'ailleurs tout le roman *La Disparition*, est un lipogramme, c'est-à-dire un texte où l'auteur a délibérément exclu une lettre de l'alphabet. Georges Perec a choisi d'écrire un roman tout entier sans utiliser une seule fois le *e*, la lettre la plus fréquemment utilisée dans la langue française. Une prouesse stylistique qui fut diversement appréciée lors de la parution du livre en 1969. Certains critiques reprochèrent, en effet, au roman de Perec de n'être qu'un texte vide, sans aucune qualité littéraire, le contenu étant délaissé au profit de la forme. Quoi qu'il en soit, trente ans après sa parution, on en parle encore.

Solution de la p. 26

Invitation

Ce poème, dédié à Alphonse Allais, a été composé en 1892 par Jean Goudezki. Sa particularité ? Il s'agit d'un sonnet holorime – le premier de la littérature française –, c'est-à-dire qu'il est constitué de vers homophones. Ainsi, les vers entiers riment entrent eux, la rime n'étant pas seulement constituée d'une ou deux syllabes.
Le schéma des rimes est le suivant :

A
B
B
A

C
D
C
D

E
E
F

G
G
F

Évidemment, si cette prouesse stylistique est remarquable, le sens, la cohérence et les qualités littéraires du texte laissent à désirer, ce qui est souvent le cas lorsque la contrainte formelle est trop forte.

Solution de la p. 27

Signature

C'est François Villon qui a signé ce poème intitulé « La Ballade pour prier Nostre-Dame », que le poète a écrit à la demande de sa mère et qui figure dans *Le Grand Testament de maître François Villon*, daté de 1461.
Nous avons conservé le texte original en moyen français.
François Villon signe son poème dans l'envoi – une strophe de quatre vers qui termine une ballade en rendant hommage à quelqu'un – sous la forme d'un acrostiche :

> « Vous portastes, digne Vierge, princesse,
> Iesus regnant, qui n'a ne fin ne cesse.
> Le Tout-Puissant, prenant nostre foiblesse,
> Laissa les cieulx et nous vint secourir,
> Offrir a mort sa tres chiere jeunesse.
> Nostre Seigneur tel est, tel le confesse.
> En ceste foy je vueil vivre et mourir. »

François Villon était très friand de ce procédé qu'il a utilisé dans plusieurs de ses poèmes.

Solution de la p. 28

Dos, caddy d'aisselles

Ce poème, que l'on doit à Georges Perec, est un anacyclique syllabique du poème « El Desdichado » de Gérard de Nerval : chaque vers peut, en effet, être lu à l'endroit ou à l'envers, syllabe par syllabe. Bien entendu, la signification du vers change selon le sens de lecture. Ainsi, si on relit syllabe par syllabe le poème de Perec en partant de la fin, on retrouve celui de Nerval :

> « Les sauts qu'on l'un : veuf, l'Hébreu n'était. Le suis-je ? »

devient à l'envers :

> « Je suis le tait n'é breu, l'Hé veuf, l'un qu'on sauts les. »

Il suffit alors d'appliquer cette méthode de lecture à l'ensemble du texte pour obtenir :

> « Je suis le ténébreux, le veuf, l'inconsolé,
> Le prince d'Aquitaine à la tour abolie :
> Ma seule étoile est morte, et mon luth constellé
> Porte le soleil noir de la Mélancolie.
>
> Dans la nuit du tombeau, toi qui m'as consolé,
> Rends-moi le Pausilippe et la mer d'Italie,
> La fleur qui plaisait tant à mon cœur désolé,
> Et la treille où le pampre à la rose s'allie.
>
> Suis-je Amour ou Phébus ?... Lusignan ou Biron ?
> Mon front est rouge encor du baiser de la reine ;
> J'ai rêvé dans la grotte où nage la sirène...
>
> Et j'ai deux fois vainqueur traversé l'Achéron :
> Modulant tour à tour sur la lyre d'Orphée
> Les soupirs de la sainte et les cris de la fée. »

Solution de la p. 29

Sens

Derrière « Sens », d'Artémise Rilke, se cache un des plus célèbres poèmes d'Arthur Rimbaud, « Sensation » :

> « Par les soirs bleus d'été, j'irai dans les sentiers,
> Picoté par les blés, fouler l'herbe menue :
> Rêveur, j'en sentirai la fraîcheur à mes pieds.
> Je laisserai le vent baigner ma tête nue.
>
> Je ne parlerai pas, je ne penserai rien,
> Mais l'amour infini me montera dans l'âme ;
> Et j'irai loin, bien loin, comme un bohémien,
> Par la Nature, heureux – comme avec une femme. »

Le procédé utilisé est le suivant : chaque substantif, chaque adjectif, chaque pronom indéfini, chaque adverbe et chaque verbe a été remplacé par celui qui le précède dans le dictionnaire. Les articles ont été modifiés lorsque le genre des mots qu'ils déterminaient l'exigeait.

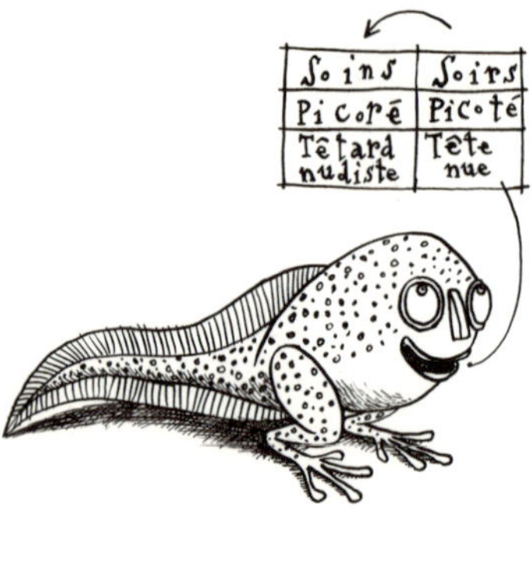

Solution de la p. 30

Que suis-je ? n° 4

Je suis un oiseau !

Le nom est, en effet, composé de cinq voyelles et d'une seule consonne, et l'animal porte des plumes, que l'on peut utiliser pour écrire.

Solution de la p. 31

L'énigme de Nicolas Boileau

Je suis une puce !

Ce petit parasite vit, en effet, en se nourrissant du sang de son porteur, chez qui elle provoque des démangeaisons pouvant empêcher de trouver le sommeil. Pour comprendre les « amants envieux », il faut se rappeler que « Ma puce » est un mot doux dont s'affublent souvent les amoureux.

Selon une note de l'édition de 1873 de ses *Œuvres complètes*, Nicolas Boileau aurait imaginé cette énigme alors qu'il n'avait que 17 ans. Il semble que ces vers soient les premiers du poète. Il y ferait référence dans une lettre adressée à Claude Brossette, l'un des fondateurs de l'Académie des sciences, belles-lettres et arts de Lyon, avec qui Boileau correspondit régulièrement entre 1699 et 1710.

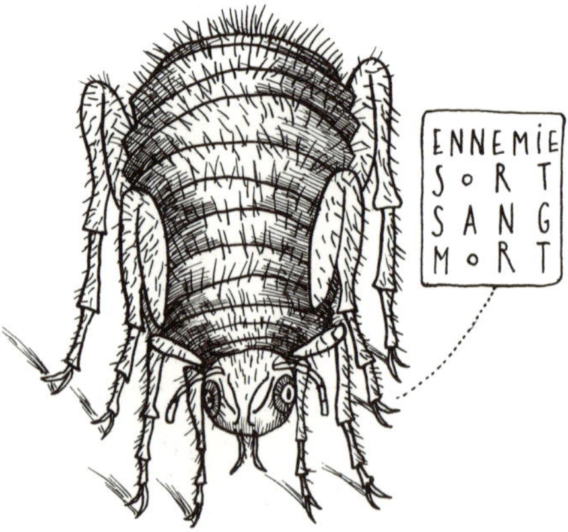

Solution de la p. 32

Histoire de famille

On pourrait qualifier cette énigme de devinette à tiroirs en ce qu'elle est constituée de plusieurs « sous-devinettes » liées les unes aux autres. Il n'y a donc pas une mais plusieurs réponses à trouver avant de pouvoir résoudre l'énigme.

> « Un bon vieux père (l'an) a douze enfants
> (les douze mois de l'année),
> Ces douze en ont plus de trois cents (les 365 jours
> de l'année) ;
> Ces trois cents en ont plus de mille (les 8 760 heures
> de l'année)... »

La famille ainsi décrite est celle du temps.

Solution de la p. 33

Drôle d'expression 3

Comme un poisson dans l'eau (le mot « POISSON » est écrit dans la lettre « O »).

Solution de la p. 34

Drôle d'expression 4

Les jours se suivent et ne se ressemblent pas (toutes les typographies des occurrences du mot « JOUR », disposées les unes à la suite des autres, sont différentes).

Solution de la p. 35

Pseudonyme d'écrivain

Bison Ravi est l'anagramme de Boris Vian. C'est sous ce pseudonyme que l'écrivain signa ses « Chroniques du menteur » qu'il écrivit pour *Les Temps modernes*, la revue fondée par Jean-Paul Sartre en 1945.
On retrouve d'ailleurs l'avatar de ce dernier, sous les traits d'un personnage nommé Jean-Sol Partre, dans *L'Écume des jours*, le plus célèbre roman de Boris Vian.
Ce dernier, grand amateur d'anagrammes et de pseudonymes, publia son premier livre, *J'irai cracher sur vos tombes*, sous le pseudonyme de Vernon Sullivan.

Solution de la p. 36

Pseudonyme d'écrivain bis

C'est sous le pseudonyme d'Alcofribas Nasier, anagramme de ses nom et prénom, que François Rabelais signa, en 1532, son *Pantagruel*. « L'abstracteur de quinte essence » publiera également, en 1534, *Gargantua*. Les deux ouvrages seront fermement condamnés par la Sorbonne, d'où l'intérêt d'un pseudonyme.

Solution de la p. 37

La vertu selon François Arago

Pour résoudre cette devinette et déchiffrer la devise de François Arago, il faut tenir compte de la position de chaque groupe de lettres : « are » à gauche, « éril » à droite, « ure » par-dessus tout, soit « Arago chérit la droiture par-dessus tout ».

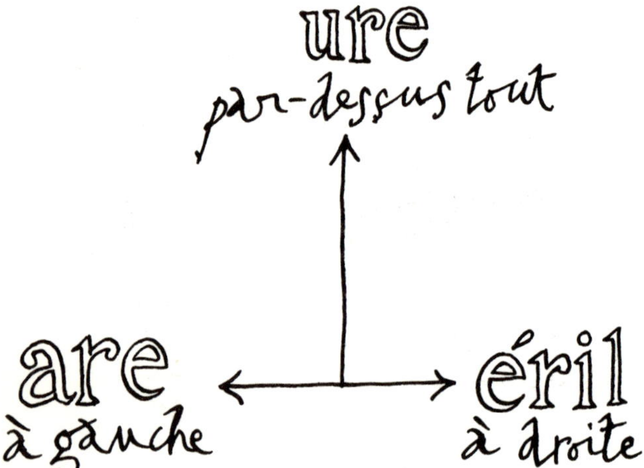

Solution de la p. 38

Sens dessus dessous

Là encore, il faut tenir compte de la position de chaque mot pour déchiffrer l'énigme : « Le » sur « intendant » sous « cieux » sur « prit » « une » sous « ris » derrière « la porte », soit « Le surintendant soucieux surprit une souris derrière la porte ».

Solution de la p. 39

Mots janus

En retournant le prénom « Léon », on obtient la journée mémorable « Noël ».
La réponse à cette énigme est un anacyclique, c'est-à-dire un mot que l'on peut lire de gauche à droite ou de droite à gauche, et dont le sens diffère selon le sens de lecture.
Autrefois, les anacycliques étaient appelés « mots janus », en référence à la divinité romaine du même nom qui possédait deux visages tournés dans des directions opposées.

Solution de la p. 40

L'énigme de Charles Sorel

L'ombre !

Cette énigme est parue en 1672 dans *Les Récréations galantes* de Charles Sorel, l'auteur de la célèbre *Histoire comique de Francion.* Ce recueil proposait plus de cent idées de jeux pour occuper la bonne société de son temps !

Solution de la p. 41

Lettres vertueuses

Les lettres les plus dociles sont O, B, I (« obéi »).

Les lettres les moins solides sont K, C (« cassé »).

Solution de la p. 42

Lettres vertueuses bis

Les lettres les moins lisibles sont F, A, C (« effacé »).

Les lettres qui ornent les monnaies sont F, I, J (« effigie »).

Ce genre de jeux de mots était très en vogue au XVIIIe siècle, période au cours de laquelle des poèmes entiers étaient rédigés sur ce principe. Bien que le procédé soit ludique, ces œuvres ne sont pas restées dans les annales de la littérature française !

Solution de la p. 43

Charade hugolienne

> J'achète mon second (« ris ») avec que mon premier (« sou »).
> Pour le voir à la fin mangé par mon entier (« souris »).

Cette charade est tirée de *Victor Hugo raconté par un témoin de sa vie* (*Œuvres complètes de Victor Hugo*, 1880-1926), dans une partie intitulée « Les Bêtises que M. Victor Hugo faisait avant sa naissance ».

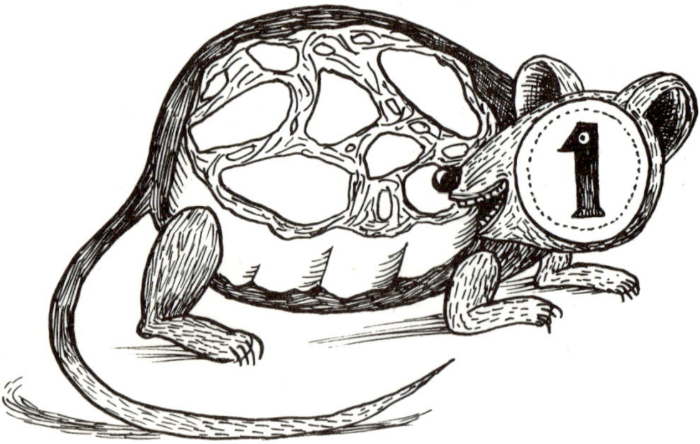

Solution de la p. 44

Charade hugolienne à tiroirs

Cette charade est une charade dite « à tiroirs » : chaque partie de la réponse ne peut être trouvée qu'en résolvant une sous-énigme.

Mon premier est « til » parce qu'alcali volatil (« Alcali vola Til »).
Mon deuxième est « bu » parce que Bucéphale (« bu, c'est Phal ») et que Phalsbourg (« Phale se bourre »).
Mon troisième est « ry » parce que Rivoli (« Ry vaut Li »), que lycée Saint-Louis (« Ly, c'est cinq louis »), et que cinq louis, c'est cent francs.
Et mon tout est « Tilbury ».

Quelques explications supplémentaires :
– L'alcali volatil est le nom que l'on donnait autrefois à l'ammoniaque.
– Bucéphale était le nom du cheval d'Alexandre le Grand.
– Phalsbourg est une commune mosellane.
– Rivoli est une ville italienne dans laquelle Napoléon remporta une victoire sur les Autrichiens. Cette ville a donné son nom à une célèbre rue parisienne.
– Le lycée Saint-Louis (anciennement collège d'Harcourt) était déjà réputé pour la qualité de son enseignement scientifique à l'époque de Victor Hugo.
– Depuis l'instauration du franc germinal, un louis vaut vingt francs.

Solution de la p. 45

Logogriphe à trois inconnues

Le rocher !

Le mot ne possède, en effet, que six lettres.
Si l'on enlève la dernière, on obtient le mot « roche », dont le sens est proche de celui de « rocher ».
Si l'on supprime à nouveau deux lettres, on obtient le mot « roc », qui conserve la même « nature » que celle du mot « rocher ».

Solution de la p. 46

Logogriphe à sept inconnues

« Avec huit pieds je suis un effronté gamin (« polisson ») ;
Sur sept, un être sous-marin (« poisson ») ;
Sur six, une substance invisible et mortelle
Que souvent un objet trop séduisant recèle (« poison ») ;
Sur cinq, des basses-cours je deviens
l'habitant (« oison ») ;
Sur quatre, un mets appétissant (« pois ») ;
Sur trois, le bruit qui frappe mes oreilles
Quand la nature et l'art font l'assaut
de merveilles (« son ») ;
Sur deux, petit pronom prononcé
bien souvent,
J'endosse mainte médisance,
Et sous ce masque, impunément,
Chacun incognito parle
avec assurance (« on »). »

Solution de la p. 47

Entrefilet[1]

Pour déchiffrer ce poème en octosyllabes,
il faut comprendre que chacun des groupes de mots de la colonne centrale se situe « entre » deux mots identiques. Ainsi, « après sa série d' » se situe *entre* « chats », etc.
En utilisant le même procédé pour lire l'ensemble des vers, on obtient le poème suivant :

Après sa série d'*entre*chats,
La danseuse pendant l'*entr*acte
Pensait manger un *entre*mets.
Arrivant sur ces *entre*faites,
Son habilleuse l'*entre*tint
Des conséquences pour ses *entr*ailles
De cette impensable *entre*prise.

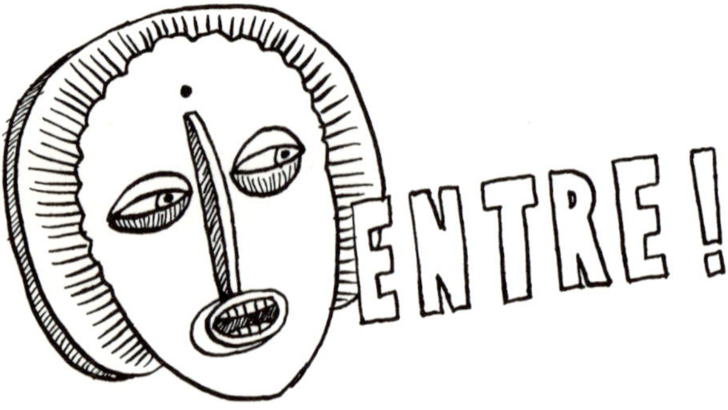

1. Amusant : en typographie, le terme « entrefilet » désigne un paragraphe mis entre deux filets pour le mettre en valeur !

Solution de la p. 48

À la manière des grands rhétoriqueurs

Le jeune globe-trotter (« trot *ter* » : trois fois « trot »)
S'arrêta pour déguster (« gus *ter* » : trois fois « gus »)
Du fromage de brebis (« bre *bis* » : deux fois « bre »)
Tartiné sur du pain bis (« pain *bis* » : deux fois « pain »).

Ce poème a été écrit à la manière d'un poème de Pierre Fabri, l'un des grands rhétoriqueurs. Sous cette dénomination sont regroupés nombre de poètes français du XVe siècle et du début du XVIe siècle (Jean Molinet, Jean Lemaire de Belges, Jean Marot), attachés à la cour de Bourgogne ou à celle de France, et dont une grande virtuosité technique caractérise les œuvres poétiques. Multipliant les figures de style et les contraintes rhétoriques – acrostiches, métaphores, palindromes, allégories, etc. –, ces ancêtres de l'Oulipo tentent d'exploiter toutes les ressources de la langue. Naturellement, ce souci presque exclusif de la belle forme leur a valu de nombreux détracteurs qui leur ont reproché d'écrire des poèmes vides d'émotion. Décriés, tombés dans l'oubli, ils ne sont sortis de l'ombre qu'au XXe siècle.

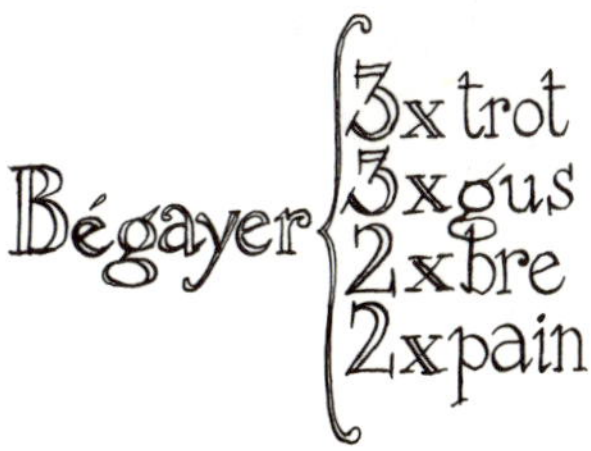

Solution de la p. 49

Contrepet

Les Parisiens qui désapprouvaient le régime de Vichy écrivaient sur les murs de la ville ce slogan :
« Il ne faut plus dire “Métropolitain” mais “Pétain mollit trop”. »

Pierre Guiraud, dans son livre *Les Jeux de mots* (PUF, 1979), note que « les jeux de mots constituent une des principales armes de la satire politique sous les dictateurs. Ils fleurissent pendant les guerres de religion, sous la Révolution, sous l'Occupation [...]. Le secret n'y est évidemment qu'une feinte, il est fort mal gardé, sa fonction étant, au contraire, de se laisser facilement découvrir. »

Solution de la p. 50

L'an 1 de la Kollaboration

Pour déchiffrer le véritable message des résistants, il faut diviser chaque alexandrin en deux hexasyllabes, puis lire les deux colonnes l'une après l'autre : deux nouveaux poèmes – toujours rimés – apparaissent alors.

« Aimons et admirons	le chancelier Hitler
L'éternelle Angleterre	est indigne de vivre
Maudissons écrasons	le peuple d'outremer
Le Nazi sur la terre	sera seul à survivre
Soyons donc le soutien	du Führer allemand
Des boys navigateurs	finira l'odyssée
A eux seuls appartient	un juste châtiment
La palme du vainqueur	attend la croix gammée. »

Le message du tract prend alors un tout autre relief !

Solution de la p. 51

Traduction à la manière oulipienne

Un des plus célèbres poèmes de Victor Hugo, « Demain, dès l'aube », qu'il écrivit à la mémoire de sa fille décédée, se cache derrière cette « traduction » absurde.

« Demain, dès l'aube, à l'heure où blanchit la campagne,
Je partirai. Vois-tu, je sais que tu m'attends.
J'irai par la forêt, j'irai par la montagne.
Je ne puis demeurer loin de toi plus longtemps.

Je marcherai les yeux fixés sur mes pensées,
Sans rien voir au dehors, sans entendre aucun bruit,
Seul, inconnu, le dos courbé, les mains croisées,
Triste, et le jour pour moi sera comme la nuit.

Je ne regarderai ni l'or du soir qui tombe,
Ni les voiles au loin descendant vers Harfleur,
Et quand j'arriverai, je mettrai sur ta tombe
Un bouquet de houx vert et de bruyère en fleur. »

Le poème a été traduit selon la technique de l'antonymie : chaque mot important du poème hugolien a été remplacé par son opposé. Ce procédé a été imaginé par l'Oulipo, qui précise que, pour les mots qui n'ont pas d'antonyme, « on cherchera la réponse dans les fables, dans l'imaginaire collectif ». Ici par exemple, le houx est devenu une algue et Harfleur est devenue Menton !

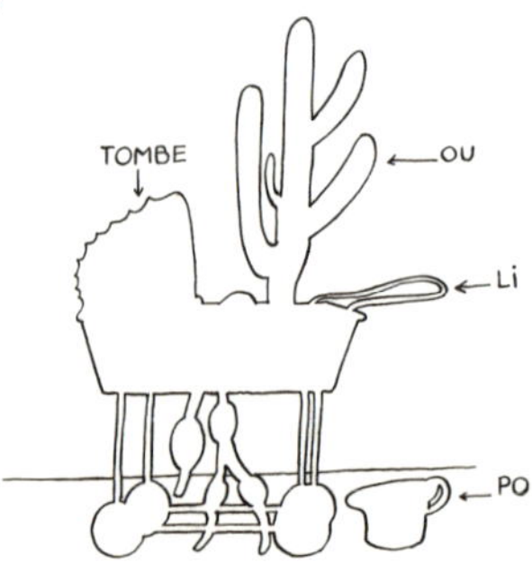

Solution de la p. 52

Alexandrins greffés

Pour créer ce sonnet inédit, c'est une technique particulière qui a été utilisée : le procédé oulipien appelé alexandrins greffés. Chaque premier hémistiche (c'est-à-dire la moitié d'un alexandrin) du sonnet de Joachim du Bellay a été greffé au deuxième hémistiche correspondant d'un sonnet de Charles Baudelaire, « À une Passante », afin d'obtenir un sonnet de du Belbaudelay.
Mais rendons à du Bellay ce qui est à Baudelaire et rétablissons les textes originaux :

> « Heureux qui, comme Ulysse, a fait un beau voyage,
> Ou comme cestuy-là qui conquit la toison,
> Et puis est retourné, plein d'usage et raison,
> Vivre entre ses parents le reste de son âge !
>
> Quand reverrai-je, hélas, de mon petit village
> Fumer la cheminée, et en quelle saison
> Reverrai-je le clos de ma pauvre maison,
> Qui m'est une province, et beaucoup davantage ?
>
> Plus me plaît le séjour qu'ont bâti mes aïeux,
> Que des palais Romains le front audacieux,
> Plus que le marbre dur me plaît l'ardoise fine :
>
> Plus mon Loir gaulois, que le Tibre latin,
> Plus mon petit Liré, que le mont Palatin,
> Et plus que l'air marin la douceur angevine. »

Joachim du Bellay, *Les Regrets*,
« Heureux qui comme Ulysse ».

« La rue assourdissante autour de moi hurlait.
Longue, mince, en grand deuil, douleur majestueuse,
Une femme passa, d'une main fastueuse
Soulevant, balançant le feston et l'ourlet ;

Agile et noble, avec sa jambe de statue.
Moi, je buvais, crispé comme un extravagant,
Dans son œil, ciel livide où germe l'ouragan,
La douceur qui fascine et le plaisir qui tue.

Un éclair... puis la nuit ! – Fugitive beauté
Dont le regard m'a fait soudainement renaître,
Ne te verrai-je plus que dans l'éternité ?

Ailleurs, bien loin d'ici ! trop tard ! jamais peut-être !
Car j'ignore où tu fuis, tu ne sais où je vais,
Ô toi que j'eusse aimée, ô toi qui le savais ! »

Charles Baudelaire, *Les Fleurs du mal*,
« À une passante ».

Solution de la p. 53

Inventaire

Il fallait reconnaître « Le Loup et l'Agneau », une des plus célèbres fables de Jean de La Fontaine présentée sous forme d'inventaire. L'*Abrégé de littérature potentielle* de l'Oulipo délivre une définition de ce procédé technique : « Le principe de l'inventaire, inventé par JB[1], consiste à relever et présenter sous forme de liste un certain type de mots dans un poème donné[2] [...]. On peut ainsi voir se dessiner comme un schéma du poème en question. »

Voici la version originale de la fable de La Fontaine :

> « La raison du plus fort est toujours la meilleure ;
> Nous l'allons montrer tout à l'heure.
> Un Agneau se désaltérait
> Dans le courant d'une onde pure.
> Un Loup survient à jeun qui cherchait aventure,
> Et que la faim en ces lieux attirait.
> "Qui te rend si hardi de troubler mon breuvage ?
> Dit cet animal plein de rage ;
> Tu seras châtié de ta témérité.
> – Sire, répond l'Agneau, que votre Majesté
> Ne se mette pas en colère ;
> Mais plutôt qu'elle considère
> Que je me vas désaltérant
> Dans le courant,

1. Jacques Bens.
2. Ici, nous avons listé tous les substantifs du poème.

Plus de vingt pas au-dessous d'Elle,
Et que par conséquent, en aucune façon,
Je ne puis troubler sa boisson.
– Tu la troubles, reprit cette bête cruelle,
– Et je sais que de moi tu médis l'an passé.
– Comment l'aurais-je fait si je n'étais pas né ?
Reprit l'Agneau, je tette encor ma mère.
– Si ce n'est toi, c'est donc ton frère.
– Je n'en ai point. – C'est donc quelqu'un des tiens :
Car vous ne m'épargnez guère,
Vous, vos bergers, et vos chiens.
On me l'a dit : il faut que je me venge."
Là-dessus, au fond des forêts
Le Loup l'emporte, et puis le mange,
Sans autre forme de procès. »

Jean de la Fontaine, *Fables*,
« Le Loup et l'Agneau ».

Solution de la p. 54

Que suis-je ? n° 5

Je suis un pet !

Si les devinettes sont des jeux d'esprit datant de l'Antiquité, elles ont suscité un vif engouement au XVIIe siècle et au début du XVIIIe siècle. Marque d'esprit, elles permettaient de briller en société, voire d'amuser un auditoire. Les plus grands auteurs français se sont d'ailleurs pris au jeu de l'énigme rimée. Lorsqu'elle a réussi, chaque affirmation doit correspondre à plusieurs choses, tandis que toutes les affirmations mises ensemble ne peuvent correspondre qu'à une seule.

Solution de la p. 55

Drôle d'expression 5

Avoir le compas dans l'œil (le mot « COMPAS » est écrit dans le « O » du mot « ŒIL »).

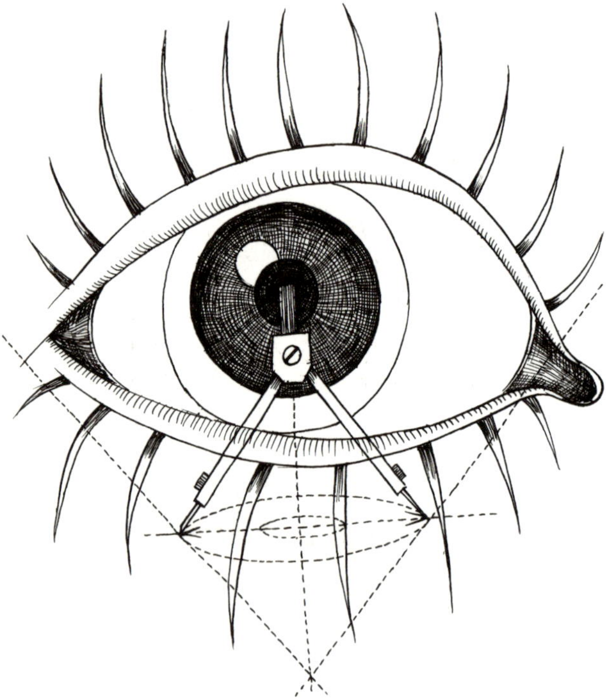

Solution de la p. 56

Drôle d'expression 6

Comme le nez au milieu de la figure (le mot « NEZ » est écrit au milieu du mot « FIGURE »).

Solution de la p. 57

Auteurs cachés

A	**B**	I	**M**	E
C	**O**	C	**O**	N
C	**I**	E	**L**	S
A	**L**	P	**I**	N
R	**E**	V	**E**	R
P	**A**	T	**R**	E
F	**U**	M	**E**	E

Les noms de Boileau et de Molière apparaissent en acrostiches dans le tableau ci-dessus.

Solution de la p. 58

Proverbes en échecs

Les deux proverbes cachés étaient « L'argent ne fait pas le bonheur » et « Qui vole un œuf vole un bœuf ».

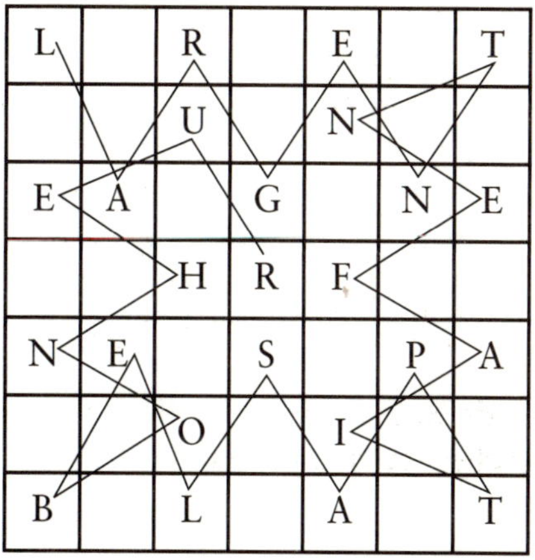

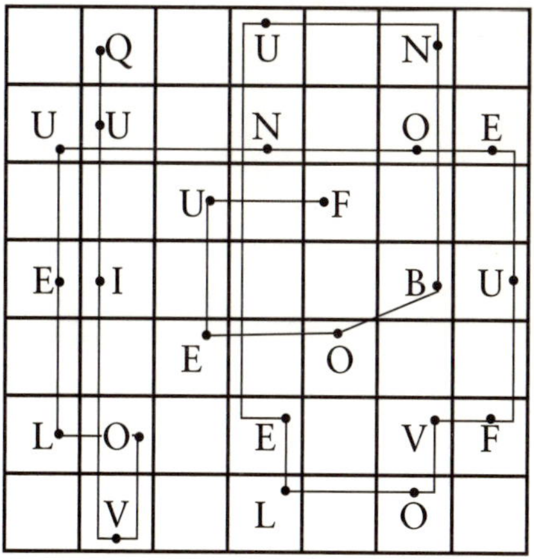

Solution de la p. 59

Que suis-je ? n° 6

Je suis le zéro !

Il n'a, en effet, de valeur que lorsqu'il est précédé d'un autre chiffre, ses « neuf dissemblables sœurs ».

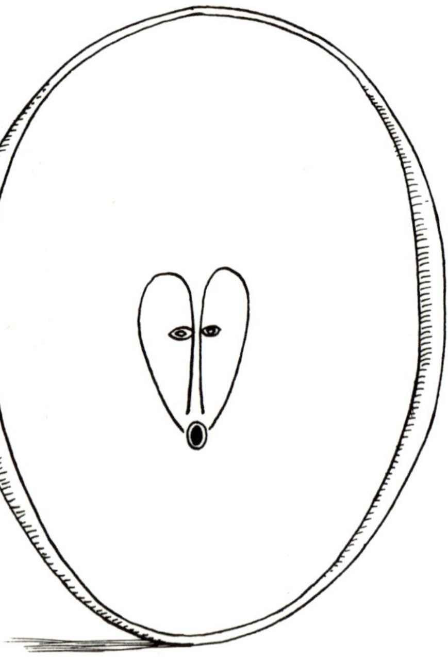

Solution de la p. 60

Que suis-je ? n° 7

Je suis la lettre N !

Elle est en effet « dans le milieu du mo**N**de », elle a « quatre pieds dans un to**NN**eau », elle n'apparaît pas dans « terre, encore moins dans l'eau », mais elle figure « dans l'o**N**de », deux fois dans « **N**o**N** », jamais dans « oui », elle est dans la première syllabe du mot « a**N**guille », dans la dernière de « serpe**N**t ».

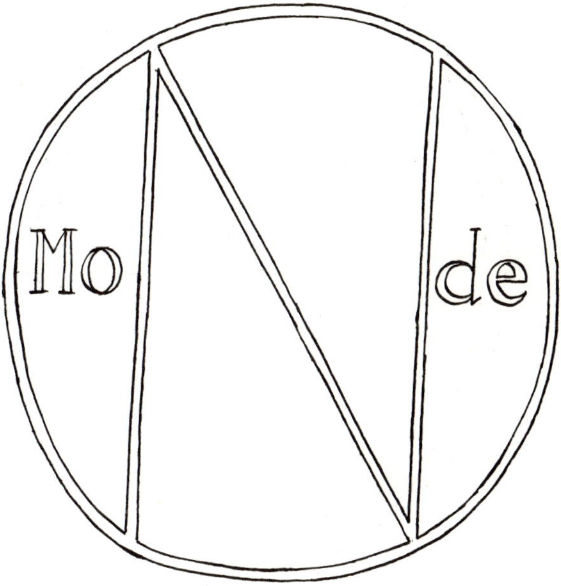

Solution de la p. 61

Charade n° 1

La famine !

> « Une des sept sœurs en musique (« notes »),
> Compose toujours mon premier (« *fa* ») ;
> Chaque être porte avec lui mon dernier (« mine ») ;
> En guerre encor il est mis en pratique (« mine »),
> Et l'on trouve dans mon entier,
> Une calamité publique (« famine »). »

Notons l'originalité de cette charade, où l'on donne deux indices pour le second terme à trouver, jouant sur l'homophonie de « mine », au sens de physionomie et au sens d'arme.

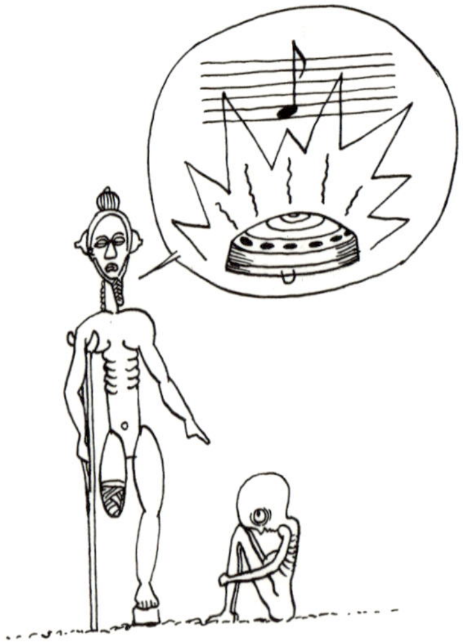

Solution de la p. 62

Charade n° 2

La maîtresse !

« Mon premier, tous les ans, n'arrive qu'une fois
(« mai ») ;
Mon second sur la tête élégamment s'arrange
(« tresse ») ;
Et mon tout sur les cœurs a le pouvoir d'un ange,
Qui descendrait du ciel pour nous donner ses lois
(« maîtresse »). »

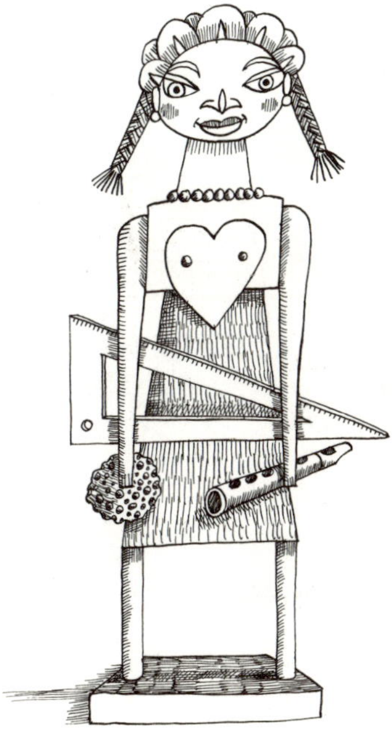

Solution de la p. 63

Charade de Tristan Derème

Eugénie !

> Mon second (« geai ») pond mon premier (« œufs ») dans mon troisième (« nid »).
> Mon tout est un prénom féminin (« Eugénie »).

Cette charade est extraite du recueil en prose *Le Poisson rouge*, publié par Tristan Derème en 1934.

Solution de la p. 64

Charade nº 3

Le mariage !

« Jeunes fillettes,
Vous désirez bien à tort mon premier (« mari ») ;
Vieilles coquettes,
Bien vainement vous cachez mon dernier (« âge »).
Dans mon entier ceux qu'un attrait engage,
Saint Paul l'a dit,
De choisir le meilleur partage
N'ont pas l'esprit (« mariage »). »

Solution de la p. 65

Ressemblance

Pour trouver le point commun entre Londres, Virginie et l'ours polaire, il faut penser à l'homophonie : Londres est métropole ; selon le roman de Bernardin de Saint-Pierre, Virginie aimait trop Paul ; et l'ours polaire est maître au pôle.

Solution de la p. 66

Différence

La différence entre un horloger et une girouette réside encore dans l'homophonie, mais la place des homophones est intervertie : si l'horloger vend des montres, la girouette montre des vents.

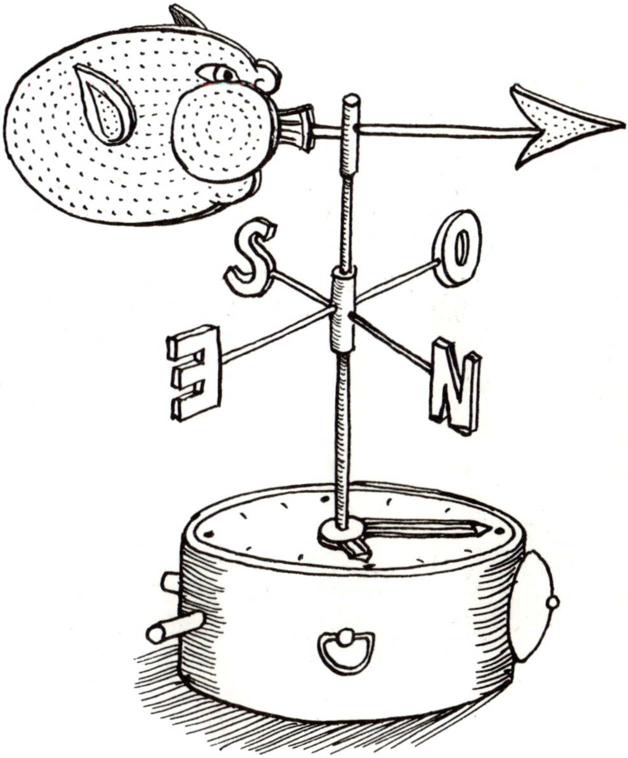

Solution de la p. 67

Rendez-vous

Le valet doit porter l'invitation à Mademoiselle Sophie (« Mademoselle » sauf *i*).
Il y a de fortes chances de croire qu'il s'agisse de Sophie Rostopchine, que le comte épousera et qui deviendra célèbre auprès de générations d'enfants sous le nom de comtesse de Ségur.

Solution de la p. 68

Rendez-vous (suite)

Sophie n'a pas besoin de porter une robe de soirée pour se rendre chez le comte de Ségur, puisqu'il s'agit d'un dîner sans cérémonie (« sans serrer mon *i* »).

Solution de la p. 69

Dialogue de sourds

– Où enseigne ton oncle Sophocle (« oncle » sauf *ocle*) ?
– À l'université (« univers » + 6 « T »).

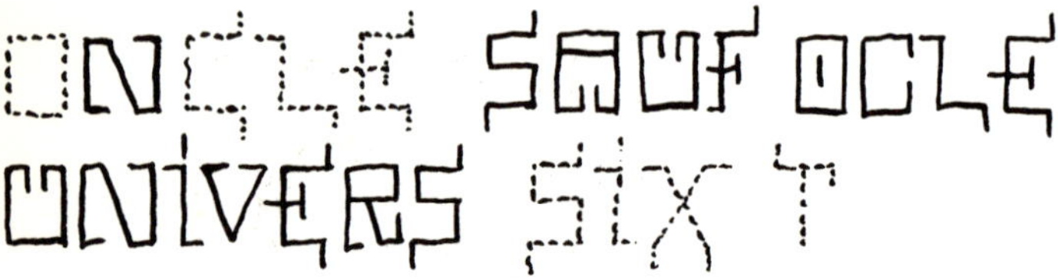

Solution de la p. 70

Épitaphe d'une dépensière

Elle a vécu (« *l* avec *u* ») au-dessus de ses moyens (« au-dessus de *c* moyen »).

Solution de la p. 71

Arithmorème

L'arithmorème tient à la fois de la charade
– plusieurs éléments doivent être devinés avant d'être mis bout à bout pour donner la solution –
et de l'anagramme – un mot est formé à partir des lettres d'un autre mot mises dans un ordre différent.
Le résultat de cet arithmorème est:
Auréole: AURA
+ 1014, soit MXIV en chiffres romains
= dramaturge français: AURAMXIV qui est l'anagramme de MARIVAUX.

Solution de la p. 72

Arithmorème bis

Ici, pour corser la difficulté – nous sommes très conscients des ressources de nos lecteurs ! –, l'arithmorème ne précise pas de nombre, lui-même sujet à énigme.
Le résultat de cet arithmorème est :
Divinité solaire : RÂ
+ année du décès de Jacques Cartier : 1557, soit MDLVII en chiffres romains
= prénom slave : RAMLDVII qui est l'anagramme de VLADIMIR.

Solution de la p. 73

Définitions

La personne qui lit (« le lecteur »), avide de connaître les secrets d'autrui (« curieux »), fait un effort pour (« essaie de ») donner une solution (« résoudre ») à l'ensemble sans exception des (« toutes les ») jeux d'esprit où l'on donne à deviner une chose en la décrivant en termes obscurs et ambigus (« énigmes ») de cet assemblage de feuilles imprimées formant un volume relié ou broché (« de ce livre »).

Soit « Le lecteur curieux essaie de résoudre toutes les énigmes de ce livre ».

Solution de la p. 74

Des chiffres et des lettres

Pour déchiffrer le message, il faut simplement épeler les lettres et le chiffre qui le composent :

Hélène a acheté à Troie.
Elle y est restée. Elle y a vécu.

Solution de la p. 75

La der des der

Le MOT de la fin !

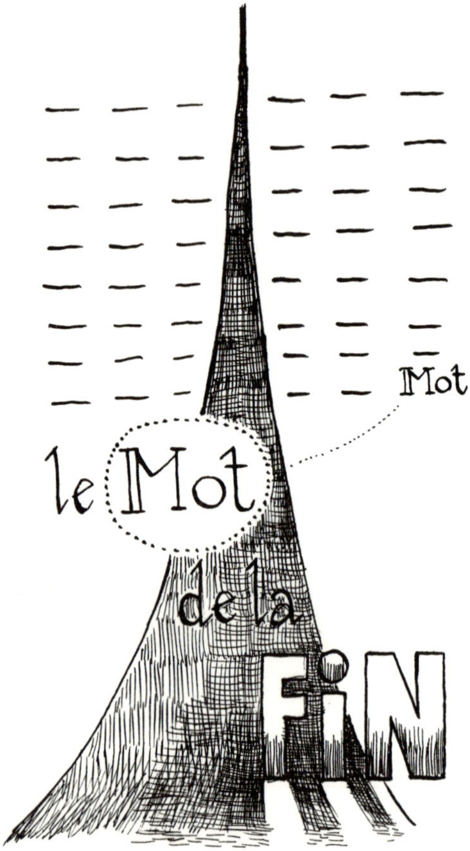

Solution de la p. 76

Bibliographie

Toutes les énigmes présentées ici sont extraites des ouvrages ci-dessous ou des créations de l'auteur.

BLAGUENSKI, *Anciens et nouveaux calembourgs, les plus curieux et les plus divertissants pour plaire et s'amuser dans toutes les Sociétés*, 1858.

GAYOT DE PITAVAL, François, *Recueil des énigmes les plus curieuses de ce temps*, 1717.

GUIRAUD, Pierre, *Les Jeux de mots*, PUF, 1979.

M. de G., J., *Jeux d'esprit : récréations des familles, des cercles etc., etc.*, 1883.

MICOUD, J., de l'Amicale des Devins de France, *Traité élémentaire des jeux d'esprit*, 1855.

OULIPO, *Atlas de littérature potentielle*, Gallimard, 1981.

SOREL, Charles, *Les Récréations galantes*, 1672.

Du même auteur :

Testez vos connaissances en culture générale, en collaboration avec Michel Noir, Marabout, 2005.

Quiz Lettres, en collaboration avec Michel Noir, Marabout, 2005.

Quiz Histoire, en collaboration avec Michel Noir, Marabout, 2005.

Quiz Géographie, en collaboration avec Michel Noir, Marabout, 2005.

Quiz Sciences, en collaboration avec Michel Noir, Marabout, 2005.

Quiz Arts, en collaboration avec Michel Noir, Marabout, 2005.

Quiz Loisirs, en collaboration avec Michel Noir, Marabout, 2005.

Quiz Sports, Marabout, 2005.

Quiz Nature, Marabout, 2005.

La France en 1 500 questions Culture, Marabout, 2006.

La France en 1 500 questions Régions, Marabout, 2006.

Chronologie mondiale de l'histoire du XX*e* *siècle*, Marabout, 2007.

Les Plus Jolis Mots d'amour, Marabout, 2008.

L'auteur

Stéphanie Bouvet est l'auteur de nombreux ouvrages de jeux de culture générale chez Marabout, notamment *Testez votre culture générale*, *Testez votre mémoire*, *Connaissez-vous la France ?* et de toute la série « Quiz ».

L'illustrateur

Ivan Sigg est peintre, poète et romancier décalé. Il publie romans, haïkus, essais, listes de courses et carnets de voyage.
Site : www.ivan-sigg.com
Blog : ivansigg.over-blog.com

Mise en page : Domino

Imprimé en Espagne par Rodesa
pour le compte des Éditions Marabout
ISBN : 978-2-501-06442-2
40.5323.7
Édition 01